Esquimales, kwakiutl y hurones

Los indígenas de Canadá, Alaska y Groenlandia

Esquimales, kwakiutl y hurones
Los indígenas de Canadá, Alaska y Groenlandia

Primera edición, 2015

Avenida Revolución 1181, piso 7,
colonia Merced Gómez,
03930, México, D. F.
www.nostraediciones.com

ISBN: 978-607-8237-48-7, Producciones Sin Sentido Común

Impreso en México / *Printed in Mexico*

Esquimales, kwakiutl y hurones

Los indígenas de Canadá, Alaska y Groenlandia

Edith Llamas Camacho

Ilustraciones de Esmeralda Ríos

NOSTRA EDICIONES

NW
E
W
SE

ÍNDICE

Introducción

La historia de los pueblos indígenas de Canadá, Alaska y Groenlandia se inició hace más o menos veinte mil años, cuando llegaron los primeros pobladores al norte del continente americano. Desde entonces las costumbres y la forma de vida de estos primeros habitantes han cambiado drásticamente, pues se han ido dispersando por todo el territorio y se han tenido que adaptar a nuevos climas y circunstancias para poder subsistir.

Actualmente, la mayoría de los grupos indígenas que habitan en la parte más al norte de América son conocidos como "pueblos originarios"; se denominan así porque hasta el día de hoy se cree que fueron los primeros en habitar este lugar.

Si bien es cierto que las leyes canadienses, en nuestros días, han reconocido a más de cincuenta y ocho naciones originarias —los grupos amerindios, que son los indígenas que habitaban el continente americano antes de la llegada de los europeos—, no incluyen dentro de la categoría a los esquimales o inuit ni a los métis, puesto que los inuit vinieron originalmente de Asia y se puede decir que son más cercanos a los siberianos, y los métis se consideran una mezcla entre indígena y europeo surgida en el siglo XVII, aunque esta particularidad no les niega el reconocimiento al igual que los otros grupos amerindios.

La importancia de los nombres

Los indígenas utilizan el término nación como una categoría especial de ciudadanos que los distingue de los demás habitantes de Canadá. El término aborigen incluye a los inuit y los métis, de acuerdo con el Acta de la Constitución de Canadá de 1982.

Casi todos los nombres con los que designamos a los pueblos indígenas de Canadá fueron impuestos por los europeos: nativo, indio o indígena, sin embargo, la mayoría de ellos prefieren que se les llame de otra manera; con un nombre en su propia lengua, porque describe mejor quiénes son, aunque algunas veces éstos resultan términos que son de difícil pronunciación, como *kwakwaka'wakw* también conocidos como *kwakiutl.*

Canadá es el segundo país más grande del mundo después de Rusia. Gracias a su situación geográfica y a su enorme territorio cuenta con una gran diversidad de climas. Las primeras naciones canadienses también son muy variadas y es necesario agruparlas de acuerdo con la zona geográfica o área cultural en que habitan.

Los inuit, comúnmente conocidos como esquimales, se asientan en el Círculo Polar Ártico; Canadá, Alaska y Groenlandia. A toda esta área de subsuelo helado en la que estos pueblos llevan una difícil subsistencia se le conoce con el nombre de *tundra*.

Los kwakiutl, provenientes de un hábitat un poco más benigno, viven en la costa de la Columbia Británica, en los fiordos y las islas del oeste de Canadá, de ahí que las canoas hayan sido su principal vehículo de transporte y comercio.

Los kwakiutl también son conocidos por la construcción de grandes postes tallados en madera que se llaman *tótems*. Estos objetos son verdaderas obras de arte y se pueden admirar en diversos museos y parques de Canadá.

Los hurones, habitantes de la región de los Grandes Lagos en la actual frontera de Canadá con Estados Unidos, son pueblos de agricultores conocidos también con el nombre de *wyandote*, y se distinguen por su gran habilidad para el comercio y porque viven en sociedades matriarcales, es decir, donde la cabeza de familia es la mujer.

Fiordo

Un fiordo es un golfo estrecho formado por un glaciar y posteriormente ocupado por el mar; suelen ser estrechos y profundos y están rodeados por montañas. Existen gran cantidad de ellos en las costas de los países cercanos a los Polos, como Noruega, Canadá y Chile.

Antes de la llegada de Cristóbal Colón, los pueblos originarios de Canadá habían convivido con los europeos desde el año 1000, pues los vikingos establecieron pequeños pueblos de aprovisionamiento donde guardaban utensilios de todo tipo para usarlos después de sus largas travesías por el océano.

En el siglo XVI, varias expediciones de ingleses y franceses fundaron colonias a lo largo de la costa atlántica. Ambos países, en su afán por establecer su dominio y controlar el comercio en las nuevas tierras, entraron en conflicto, y provocaron continuas luchas que terminarían con una gran guerra dos siglos después, en la que los franceses tendrían que ceder a los ingleses la mayor parte de los territorios que consideraban como propios.

Cuando aún no habían llegado los europeos a América, los indígenas del continente se dedicaban a la caza y la recolección, y su forma de vida se basaba en el conocimiento ancestral de los recursos naturales. La práctica de la caza y recolección tenían un alto nivel de organización que incluía algunas veces a varios grupos vecinos.

Por muchos años los europeos no reconocieron el valor de los pueblos de América y los consideraban “incivilizados” o “salvajes”; de esta manera les fue negado el derecho a su tierra, a su forma de vida y a su identidad.

La ensenada de las medusas

En 1960, en la isla de Terranova en Canadá, un grupo de arqueólogos encontró un paraje que resultó ser parte de una aldea vikinga. Restos de edificios utilizados para la vivienda, una bodega y un aserradero confirman la idea de que los primeros extranjeros en establecerse en el norte del continente americano fueron los vikingos.

Después de la Segunda Guerra Mundial los inuit y los métis comenzaron una campaña más efectiva en los medios de comunicación a favor de sus derechos, y de esta manera dejaron clara su posición en cuanto a una participación equitativa en la federación canadiense. En consecuencia, el derecho aborigen que sólo se aplicaba a la propiedad de la tierra, actualmente les permite también mantener su propia forma de gobierno.

Los esquimales o inuit y el Ártico

Los esquimales o inuit son pueblos de pescadores, cazadores y recolectores que ocupan una gran extensión de costas y de territorios en las regiones árticas de Canadá, Alaska y Groenlandia. Los inuit fueron el último grupo indígena en establecerse en el hemisferio norte. Hace doce mil años, aproximadamente, llegaron a través del estrecho de Bering varias migraciones. Por ello hasta hoy comparten más elementos culturales con sus vecinos los siberianos que con otros pueblos indígenas de América.

Esquimales (*eskimo* en inglés) es el nombre común que se les ha dado a estos grupos que viven en el Ártico, sin embargo, este término está cayendo en desuso en Canadá por considerarse ofensivo de acuerdo con un posible significado en lengua algonquina: "el que come carne cruda". Por esta razón ellos mismos prefieren que los llamen inuit, que quiere decir "hombres".

Los inuit son conocidos en todo el mundo porque han logrado sobrevivir en el Ártico, una de las regiones más inhóspitas de la tierra, y han tenido que adaptarse a una vida llena de retos y desafíos para soportar este helado ambiente.

La dureza de la vida en el Ártico

Pese a las maneras tan ingeniosas en que han aprendido a sobrevivir por las inclemencias de su medio ambiente y a aprovechar de la manera más racional cada uno de sus recursos, los inuit son conscientes de la dureza de su vida. El siguiente texto muestra la manera en que este pueblo concibe la precariedad de su vida en el Ártico.

"Un día pregunté a Aua por qué creía en los espíritus. Sin decir palabra me hizo salir de la casa de nieve. Regresaban unos hombres de los agujeros para pescar focas en el hielo. Volvían encorvados, en pequeños grupos; luchaban contra el viento que los forzaba a detenerse de tanto en tanto con sus furiosos golpes. No habían cazado nada, las penurias y los esfuerzos de un día entero habían sido en vano.

Regresamos a casa y Aua volvió a hablar:

—Tenemos a Sila, el espíritu del clima y la tierra. Con él tenemos que luchar para obtener nuestro sustento del mar y de la tierra. Por eso le tememos.

—Tenemos a Takanakapsaluc, la gran mujer que desde el fondo del mar rige todas las bestias que allí habitan.

Angakoc escuchó en silencio las palabras de Aua y añadió:

—Las dos cosas más peligrosas y más temibles son las que siempre están más cerca de nosotros: el hambre y el frío."

Knud Rasmussen, *De la Groenlandia al Pacífico*, 1930.

La vida de los esquimales está guiada por el ciclo de las estaciones. En la región del círculo polar ártico, el año se divide entre el verano, donde la temperatura difícilmente sube más allá de los diez grados centígrados y el sol, aún en la medianoche, puede verse en el horizonte; y el invierno, periodo de un frío terrible, donde la temperatura puede llegar hasta cuarenta grados bajo cero y mantenerse así durante semanas. Esto significa que los pobladores de la tundra remota tienen largas noches en el invierno y largos días en el verano.

EL VERANO INUIT

“Los largos días polares duran desde abril hasta agosto. En esa época se duerme poco y se viaja mucho. Se navega en kayak o lancha. Las familias se visitan y los jóvenes se enamoran y se casan. Se juntan huevos, bayas y cerezas; se recogen pasto y líquenes. Es la temporada de las focas, el caribú y el salmón, de las almejas y las algas.”

Knud Rasmussen, *De la Groenlandia al Pacífico*, 1930.

La tundra es un ecosistema que se localiza en el hemisferio norte en algunos territorios de Alaska, Canadá, Escandinavia, Groenlandia, Islandia y Rusia. La vegetación que existe es muy escasa y los árboles no pueden crecer debido a las bajas temperaturas, a que el subsuelo está helado y a la ausencia de luz solar durante varios meses al año. Los principales seres vivos de este ecosistema ártico son animales de sangre caliente, mamíferos terrestres y acuáticos y aves, preparados para sobrevivir al frío invierno.

El caribú es un tipo de reno con cuernos muy largos y ramificados. Es la única especie de ciervo en la que ambos sexos poseen astas, pero a los machos viejos se les caen en diciembre y a las hembras en el verano. Generalmente habitan en las zonas de tundra del hemisferio norte. Los inuit han sabido aprovechar todas las partes de este animal; su carne como fuente de proteína, sus pieles para elaborar hermosos abrigos para el frío y sus huesos para tallar herramientas.

El chamán que vivió con los animales

"Una vez un gran chamán esquimal quiso saber cómo era la vida de los animales. Fue oso durante una temporada. Se cansó, pues los osos siempre están caminando de día y de noche.

Luego se hizo foca de fiordo. Las focas siempre tienen un ánimo juguetón. Sus gestos siempre son alegres, saltan en el agua y sus ágiles retozos agitan el mar. Es el buen humor de las focas el que mueve el mar y forma olas. No hay tanta diferencia entre las focas y las personas: las focas pueden convertirse fácilmente en gente, son cazadoras muy hábiles.

Luego fue toro almizclero; estar entre la manada era muy caliente y cómodo.

Después se hizo caribú. Su vida era inquieta y nerviosa. Siempre tenía miedo. Hasta dormido, de pronto saltaba y corría. Se asustaba de todo. No fue divertido ser caribú.

Así fue como este chamán vivió con todos los animales. Esto sucedió hace mucho, cuando todos éramos semejantes y no había mucha diferencia entre el alma de un animal y el alma de un hombre."

Howard Norman, *Northern Tales, Stories from The Native Peoples of the Arctic and Subarctic Regions*, 1990.

El invierno en el círculo polar ártico dura desde octubre hasta febrero y, a pesar de que el sol no se asoma, la oscuridad nunca es completa. Una de las épocas más difíciles es noviembre, el "mes que escucha", porque ya no hay luz y el hielo aún no está lo suficientemente sólido para salir y viajar en trineo. Los kayaks tampoco pueden desplazarse porque el hielo los puede traspasar y rajar.

No es posible cazar, la gente se tiene que encerrar y esperar a que el hielo endurezca, por lo que se pone de mal humor y se deprime. Si bien es cierto que los esquimales pueden pasar largos periodos sin dormir, en esta época duermen de doce a quince horas diario en sus casas de hielo.

EL MES DEL SUEÑO

"Noviembre es también la época del sueño y nadie debe molestar a quienes duermen. Todos tardan en despertarse y levantarse: se rascan, se dan vueltas y vuelven a dormirse, el sueño es una actividad, un placer y un tedio."

Knud Rasmussen, *De la Groenlandia al Pacífico*, 1930.

En la época más fría, entre diciembre y febrero, las viviendas, conocidas como iglúes, se fabrican de nieve y piedras; se cava una especie de fosa en el suelo y se van juntando los bloques de nieve hasta que se forma una cúpula con un espacio para entrar y salir. De la misma manera, para que el calor no se escape del interior, construyen un largo túnel hacia la salida. Dentro de la casa, el calor se preserva quemando aceite de ballena o foca. El iglú puede albergar hasta veinte personas, es por eso que la construcción de este refugio se hace mediante un acuerdo de la comunidad.

La hospitalidad entre los esquimales

Entre los esquimales dar cobijo a otras personas es muy importante. En un clima tan frío, tener un lugar donde pasar la noche puede ser la diferencia entre la vida y la muerte. Por eso, recibir a un visitante, aunque no se le conozca, es casi una obligación, pues los forasteros siempre traen noticias y compañía. Los visitantes son recibidos con una canción:

"Las tierras alrededor de mi casa
se hacen más hermosas
el día en que me es dado ver
rostros que nunca he visto antes.
Todo es más hermoso,
todo es más hermoso,
y la vida se llena de agradecimiento.
Los visitantes hacen más grandiosa
mi casa."

En el verano, cuando la nieve se derrite, los inuit construyen otro tipo de resguardo, conocido como “casas de día”, que son una especie de tiendas de campaña elaboradas con pieles de foca.

Estas tiendas son muy ligeras y fáciles de armar y desarmar. Además, cuando vuelve a caer nieve y hay que transportarse en trineo, este vehículo se fabrica con los mismos materiales de que están hechas las tiendas. Primero, los esquimales mojan bien las pieles de foca hasta que se ablandan y las doblan alrededor de los huesos de caribú, que serán las cuchillas sobre las que corra el trineo tirado por los perros. Al congelarse el agua por el descenso de la temperatura, las pieles se convierten en un bloque sólido de hielo.

En su interior se guardan las provisiones de la familia, como trozos de carne y truchas. Los rieles de hueso se cubren de lodo para hacerlos más gruesos. Un trineo de éstos puede transportar a una familia entera y todas sus pertenencias varios cientos de kilómetros. Cuando el sol vuelve a brillar, los trineos se descongelan y se transforman otra vez en tiendas.

Aunque durante el periodo estival, o solsticio de verano, los inuit gozan de muchas horas de sol, esto no significa que puedan cultivar cualquier planta; los árboles no pueden sobrevivir en la tundra y el crecimiento vegetal es muy escaso, se limita a musgos y líquenes.

Para complementar su dieta, los pobladores del Ártico se dedican a la caza de animales como la ballena, la foca, el caribú, el oso polar, el zorro del ártico y aves como los araos (*guillemot* en inglés), que son un tipo de pájaro con grandes patas que llegan cada año en el verano, a las playas, y que los inuit cazan con grandes redes y almacenan en bolsas de piel de foca con todo y entrañas para dejarlas pudrir y consumirlas en los meses subsiguientes.

Canto esquimal

Como los esquimales son conscientes de que su vida depende de los animales que cazan, los consideran iguales a ellos mismos. Este canto muestra cómo el amor entre un joven y una muchacha esquimales es considerado igual al que debe existir entre un cazador y una foca que se ha de convertir en su presa.

"Anoche soñé contigo.
Soñé que caminabas sobre guijarros
de playa.
Y yo iba a tu lado.
Anoche soñé contigo
y como si estuviera despierto
soñé que te seguía.
Que te deseaba como a una foca joven.
Soñé que te quería en la forma
en que un cazador
quiere a una foca joven
que se zambulle cuando siente que
la siguen.
Así es como te quiero
yo, que soñé que te seguía."

Para la caza de animales marinos, los inuit utilizan instrumentos como el famoso kayak, un tipo de canoa completamente cerrada y con una sola abertura para que pueda sentarse el remero. De esta manera el cazador queda insertado perfectamente a la altura de la cintura, lo que impide que el agua llegue al interior. También resulta imposible hundirse y en caso de que la canoa y el tripulante se volteen es muy fácil volver a la posición original y no ahogarse.

Al estar llenos de aire, los kayaks viajan muy rápido por la superficie del mar, lo que permite a los cazadores perseguir a las rápidas focas y a los delfines. Desde sus canoas disparan a sus presas con unos arpones hechos de hueso de foca con una punta móvil que se inserta en la gruesa piel de sus presas.

Las habilidades que desarrollaron los inuit para la caza no sólo les proveían de alimento, sino que les permitían también subsistir en el invierno, ya que las pieles de los animales eran indispensables para la confección de su ropa. La piel de foca es un excelente impermeable, pues impide que los pescadores se mojen; la de caribú, por su pelambre, permite aislar con eficacia la temperatura del cuerpo y así aguantar las bajas temperaturas.

El terrible frío del Ártico y las dificultades para conseguir alimento sin las herramientas adecuadas hizo que el interés de los europeos por esta zona fuera mucho menor que por otras partes del territorio americano. Incluso, en 1918, la policía montada de Canadá encontró un grupo inuit del que no tenía noticia alguna.

Las pequeñas comunidades de esquimales no fueron seriamente afectadas por la llegada de los europeos sino hasta finales del siglo XVIII y principios del XIX. Al parecer hubo pequeños enfrentamientos entre grupos de viajeros y cazadores de ballenas franceses e ingleses, por lo que los inuit, habitantes de la península del Labrador, trataron de mantenerse al margen para que las relaciones entre ellos y los europeos se conservaran más o menos pacíficas y el mutuo interés por el comercio de pieles de animales no fuera afectado.

Sin embargo, las poblaciones de europeos en el noreste fueron creciendo y la presencia de una empresa de comercio de pieles fundada en 1670, la Hudson's Bay Company, era cada vez mayor, lo que ocasionó enfrentamientos frecuentes con los esquimales.

El contacto con los europeos provocó, como en otros territorios de América, epidemias incontrolables debido a que las enfermedades traídas por ingleses y franceses eran nuevas para la población inuit y causaron en ella una gran cantidad de muertes.

Además, durante la primera mitad del siglo XIX, las zonas de comercio de pieles y los límites para la caza de ballena fueron controlados por la Hudson's Bay Company, de manera que la principal fuente de sustento de los esquimales se vio severamente afectada.

Asimismo, los misioneros de la Iglesia Protestante de Moravia (hoy la República Checa) representaron una invasión todavía mayor, ya que con su afán de evangelizar a los pueblos no cristianos, durante el siglo XVIII se aventuraron a las zonas más innaccesibles junto con la policía montada de Canadá para establecer misiones permanentes en esa parte del territorio. De esta manera impusieron sus creencias, muchas veces contrarias a las costumbres de las poblaciones del Ártico, afectando las formas de vida y las relaciones familiares de las comunidades esquimales.

Los territorios cercanos a Alaska, habitados por otras familias inuit, también fueron perjudicados. La famosa fiebre del oro de Klondike (también conocida como fiebre del oro de Yukón) ocasionó durante los últimos años del siglo XIX que muchos exploradores y aventureros llegaran a los lugares más apartados de Canadá.

La noticia de que había oro causó grandes expectativas. Hombres de todo tipo se lanzaron en busca de este metal precioso con ayuda de un medio de transporte bien conocido por los esquimales, el trineo jalado por perros. Decepcionados por no encontrar nada, muchos regresaron a sus lugares de origen; no obstante, para algunos ésta fue la oportunidad de reclamar derechos de propiedad sobre las tierras y los minerales.

Con la llegada de más pobladores y el establecimiento de misiones religiosas, la administración de las regiones árticas de Norteamérica, que dependía de la corona británica, no supo qué hacer con las familias de esquimales y llegó, erróneamente, a la conclusión de que era necesario "civilizarlos" por medio de la educación. Esta opción significaba una gran pérdida para la cultura inuit, porque para financiar este programa —que en opinión de los administradores británicos iba a mejorar su futuro— los ingleses decidieron vender sus tierras.

Aunque esta situación era perjudicial para los inuit, la educación impuesta les dio nuevas herramientas a los esquimales más jóvenes para desenvolverse entre los europeos con sus mismos códigos culturales. Se convirtieron en activistas y proclamaron sus derechos ancestrales; formaron un frente político común con otras comunidades de territorios árticos y reclamaron el derecho a ocupar sus tierras, a ser reconocidos como nación y a conservar sus propias formas de gobierno. Así, en 1999 nació *Nunavut*, que significa "nuestra tierra", territorio del Ártico concedido por el gobierno canadiense.

Los perros de trineo

El trineo es el medio de transporte común utilizado en las regiones árticas. Este vehículo se desliza con la ayuda de unos perros de raza parecida a los lobos, los perros de trineo, como los husky, los alaska malamute y los samoyedo. Son razas de pelaje muy tupido que los aísla del frío, de gran resistencia para recorrer largas distancias y de marcado carácter jerárquico, es decir, prefieren vivir en grupo y que uno de los perros sea el líder, por lo que trabajan muy bien en equipo.

Los kwakiutl y los grandes banquetes

Los kwakiutl han vivido a las orillas de la isla Vancouver desde tiempos inmemoriales. Esta gran isla se encuentra localizada en el océano Pacífico. Las comunidades kwakiutl, al igual que otros grupos vecinos de la costa e islas cercanas, han gozado de un escenario de gran belleza natural con grandes montañas, fiordos, pequeños estrechos, ensenadas y desembocaduras de diversos ríos que resultan ideales para la navegación y la pesca.

Vancouver es la isla costera más grande del occidente de América. Primero fue conocida como isla de Cuadra y posteriormente bautizada con su nombre actual. Ahora, pertenece a la provincia canadiense de la Columbia Británica.

Uno y otro nombre fueron asignados a este territorio en honor al encuentro que tuvieron en el siglo XVIII el oficial español Juan Francisco de la Bodega y Cuadra y el capitán inglés George Vancouver, pues ambos reclamaban la isla recién descubierta para sus respectivos reinos.

Sin embargo, lejos de los nombres que los europeos dieron a los territorios que creyeron haber descubierto y consideraban suyos, los kwakiutl y las diferentes naciones del Pacífico canadiense habían ocupado esa tierra desde poco más de diez mil años antes.

Para los kwakiutl, el recuerdo de sus antepasados se transmitía de generación en generación de forma oral. Los ancianos representaban un grupo muy importante en la sociedad, pues eran el vínculo con su origen, su historia y su cultura. Los ancianos se comparaban con las raíces de los árboles, las cuales permanecían siempre fuertes.

Los antepasados eran también raíces, y los vivos, como si fueran árboles fuertes, recibían ese conocimiento en herencia. Es así como, actualmente, los kwakiutl aún recuerdan cómo se originó su mundo.

El origen de los kwakiutl

Los jefes kwakiutl discutían la creación de sus antepasados mientras esperaban el segundo plato en un banquete organizado por uno de ellos en Tsaxis. Al principio nadie habló. Entonces, Malid habló y dijo:

—Fue el Sol, nuestro Jefe, quien creó a nuestros antepasados de todas las tribus.

Y cuando los otros le preguntaron cómo era posible, pues el Sol no había creado ni siquiera a un hombre, el jefe no supo responder.

Otros dijeron:

—Fue con Mink, Tli… quienes hicieron a nuestros antepasados.

Entonces habló el Gran Anfitrión y dijo:

—Escúchenme kwakiutl y déjenme decir una palabra realmente verdadera. Veo que lo que los otros han dicho es completamente erróneo, pues fue la gaviota la primera que se convirtió en humana cuando se quitó su máscara y se convirtió en persona. Tal fue el comienzo de uno de los grupos de nuestro pueblo. Y los otros fueron iniciados por el Sol, el Oso Grizzly y el Ave Trueno, quienes también se quitaron sus máscaras. Es por esta razón que nosotros los kwakiutl somos muchos grupos, pues cada uno tiene su propio antepasado.

Los kwakiutl, al igual que otros grupos vecinos de la región, vivían de la pesca, la caza y la recolección de alimentos que encontraban fácilmente en su hábitat gracias a las bondades de un clima más o menos templado y húmedo casi todo el año. Los habitantes de esta región rara vez pasaban hambre porque gozaban de abundancia de alimentos.

Las actividades diarias estaban divididas según el género. Las mujeres se quedaban en el hogar para trabajar la tierra, limpiar, cocinar y cuidar a los niños; las tareas femeninas también incluían la recolección de frambuesas en los bosques cercanos y el machacado de corteza de cedro para confeccionar su ropa. En cambio, los hombres fabricaban canoas para salir a pescar, se iban de cacería y construían la casa.

El diseño de las canoas que se utilizaban para la pesca formaba parte de un universo más amplio. Por un lado, las canoas funcionaban como símbolos de identidad para cada clan, pues eran labradas por los artistas de las comunidades con la asesoría de dos ayudantes espirituales, quienes llevaban a cabo diferentes rituales durante todo el proceso, asegurando el éxito de la construcción y su posterior uso. Por otro lado, una vez finalizada la tarea, estos artefactos debían ser tratados con gran respeto, pues muchas veces servían para viajes espirituales.

Estas embarcaciones eran de varios tamaños; las más pequeñas, por ejemplo, se utilizaban para perseguir patos o sacar almejas, a diferencia de otras más grandes que podían medir hasta diez metros, con las que navegaban mayores distancias.

Los kwakiutl eran conocidos por su gran habilidad para la pesca. Con la ayuda de sus canoas lograban deslizarse con gran facilidad por corrientes y ríos que desembocaban en el mar. Entre las diversas especies que pescaban se encontraba el salmón, que se puede ver a distancia debido a su brillante color anaranjado, y el eperlano, que es de color plateado y tiene unos dientes tan grandes como los de los perros.

Plegaria kwakiutl para calmar al mar

Los kwakiutl antes de salir a pescar decían una plegaría para calmar al mar:

"Espíritu del océano,
calma tus aguas,
acércate a mí.
Mi poder,
mi cabeza
se cansan.
Haz al mar
como leche
para mí.
Yeho, yeholo."

Su sustento dependía de la pesca de estos y otros animales marinos. El salmón era la base de su dieta y podía ser almacenado cuando se salaba, evitando así que se pudriera la carne; también comerciaban con él. El eperlano tenía otras ventajas, porque su carne es tan grasosa que se podía obtener un delicioso aceite para aderezar la comida; además, la grasa de este animal también se utilizaba para elaborar velas, pues arde con facilidad, de ahí que se le conociera con el nombre de *pez candela*.

Las personas-salmón

No es de sorprenderse que los animales jugaran un papel importante en las creencias de los kwakiutl. Una leyenda dice que antes de la llegada del salmón hubo hambre, pero entonces las personas-salmón se transformaron en salmones para que los demás los pudieran comer. En agradecimiento a estas personas-salmón legendarias, los kwakiutl echaban las espinas de estos peces al río para que regresaran a su casa.

La caza era otra de las actividades en que los kwakiutl eran muy hábiles; cazaban focas, leones marinos, grandes ballenas y nutrias marinas con el arco y la flecha. Los arcos se elaboraban con la raíz del cedro amarillo —también conocido como cedro de Alaska—, que es un árbol que se caracteriza por su madera de textura muy fina, de color luminoso y de mucha elasticidad. La cuerda de los arcos se hacía de piel de venado o intestinos de oso.

Plegaria a las aves

De acuerdo con las creencias de los kwakiutl, la única diferencia que existe entre los pájaros, los peces, los demás animales y el hombre es la piel. Todos poseen poderes sobrenaturales, todos migran y se transforman:

"¡Bienvenidas sean, Criaturas Sobrenaturales! Nos encontramos de nuevo con vida, amigas mías, Dueñas de la Larga Vida.

Han regresado y les ruego de nuevo que se apiaden de mí y se lleven otra vez mi enfermedad cuando regresen al lugar en el que siempre se pierden, amigas.

Protéjanme de nuevo durante el verano, mientras vivan aquí en este noble país en el que las trato bien, amigas mías, Dueñas de la Larga Vida, Criaturas Sobrenaturales.

—Después el cantante mismo responde a nombre de las aves— ¡Ah! Eso haremos."

De los animales comían su carne y utilizaban sus pieles. Si tenían buena fortuna, es probable que cazaran un animal grande. Un día de cacería necesitaba una buena planeación porque se preparaba el uso de trampas y emboscadas en lugares estratégicos; una vez que el animal era localizado, con gran habilidad se le asustaba hasta dirigirlo a la trampa o al lugar donde finalmente se le daba muerte.

Las nutrias marinas

Las nutrias marinas son animales muy inteligentes y amistosos, excelentes nadadores y expertos en zambullirse para desaparecer cuando se sienten amenazados. La nutria marina era un animal muy apreciado por los amerindios y después por los europeos, ya que posee una hermosa piel brillante y sedosa de color negro, con excepción de una franja blanca sobre la cabeza. Desafortunadamente, en la actualidad están en peligro de extinción debido a la caza inmoderada y a los derrames de petróleo, que dañan su pelaje provocando que mueran de frío.

Los animales más impresionantes que cazaban los kwakiutl eran los osos, que se distinguían por su ferocidad y bravura, ante la que el grupo cazador se enfrentaba y corría un verdadero peligro. Solían cazar osos negros y grizzly. Ambos llevan una vida tranquila y solitaria, no les gusta la compañía ni siquiera de otros osos, y pueden pesar quinientos kilos o más.

Estos grandes animales son muy peligrosos, ya que sus garras funcionan como ganchos al momento de atacar a sus víctimas. Además, sus patas traseras son muy potentes y el oso puede impulsarse hacia adelante con mucha fuerza o pararse sobre ellas para olfatear mejor a sus víctimas o asustar a algún intruso. Caminan lentamente y con la cabeza inclinada, pero si corren pueden alcanzar hasta los 50 kilómetros por hora.

CUANDO UN CAZADOR KWAKIUTL MATABA A UN OSO LE HABLABA ASÍ:

"Gracias, amigo, que no me hiciste buscarte en vano.

Ahora te has apiadado de mí y me has dado una presa.

Dame también tu poder para atrapar a los salmones fácilmente con tus manos.

Ahora tocaré tu mano izquierda con mi mano derecha.

—El cazador toma la garra izquierda del oso y continúa—.

¡Amigo! Ahora apretemos nuestras manos para cazar. Así me darás tu poder para atrapar todo fácilmente con tus manos, amigo."

Solamente después de que el cazador había dicho esta plegaria podía cortar la carne del oso.

Los kwakiutl gustaban de pintar y tallar figuras de animales, pues creían que éstos tenían poderes sobrenaturales y podían transformar el universo. Por este motivo las representaciones de osos, visones, cuervos, pájaros trueno, ballenas y salmones se ven con frecuencia en máscaras, vestimentas para bailar y en los espectaculares tótems —altas columnas o mástiles tallados en madera— que aún pueden apreciarse afuera de las casas, en los fuertes y en los museos de los kwakiutl.

Este tipo de esculturas en madera son una de las obras artísticas más complejas que poseen los kwakiutl, pues en ellas no sólo se perciben bellos colores y hermosas figuras de animales, sino que también muestran la riqueza, el orgullo y el rango de las familias que los construyen.

En las sociedades kwakiutl, el rango que ocupaban las familias era muy importante, porque determinaba, entre otras cosas, si en sus fiestas comunitarias, llamadas *potlatch*, que significa "dar", deberían llevar regalos para otras familias de nivel inferior o si los recibirían de aquéllas de rango superior.

Para todos los grupos que vivían en la costa del Pacífico, dar regalos y ofrecer banquetes era la principal actividad de su vida social. Con este tipo de fiestas, que se planeaban hasta con un año de anticipación, se marcaban los ciclos vitales de las personas, es decir, los nacimientos, la pubertad, los matrimonios o la sucesión de algún jefe. En cada una de estas etapas o transiciones de la vida se requería un cambio de nombre, que era asignado en una ceremonia frente a todos los invitados. Los nuevos privilegios que se concedían a la persona en la nueva etapa de su vida se mostraban por medio de dádivas para todos los invitados.

El festejo se celebraba con abundante comida, pieles, canoas, esclavos, corteza de cedro, platos y otros utensilios, además de bienes ceremoniales como salmón seco, aceite de ballena, manzanas silvestres y bayas. Muchas veces estaba acompañado de cantos, danzas y otras ceremonias espirituales, para las cuales se usaban máscaras de distintos animales.

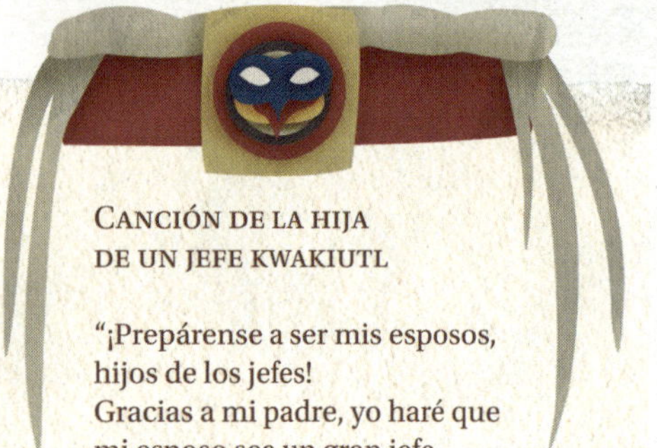

CANCIÓN DE LA HIJA
DE UN JEFE KWAKIUTL

"¡Prepárense a ser mis esposos,
hijos de los jefes!
Gracias a mi padre, yo haré que
mi esposo sea un gran jefe.
Yo soy una gran señora.
¡Ha ha aya ha ha aya!
¡Yo, la señora, he venido a ser
su esposa, príncipes de las tribus!
Estoy sentada sobre cobres
y tengo muchos nombres y
muchos honores.
Todos los regalará mi padre a
quien se case conmigo.
¡Ha ha aya ha ha aya!
Mi cinturón fue tejido
por mi madre.
Lo llevo puesto cuando vigilo los
platillos que serán el regalo
de bodas.
Mi padre los obsequiará
a mi esposo.
Habrá muchos tipos de comida
en la boda.
¡Ha ha aya ha ha aya!"

Esta tradición sigue vigente en la actualidad entre los pueblos de la costa noroeste del Pacífico porque la reciprocidad, es decir, dar y recibir, forma parte central de la vida de estas poblaciones.

Para los kwakiutl, el cambio de un estado a otro a lo largo de la vida de una persona y el nuevo nombre que recibía iniciaban cuando un bebé nacía y tomaba el nombre que le daban sus padres; alrededor de un año después, recibía otro nombre y se le daban los instrumentos de trabajo propios de su sexo; como a los once o doce años le asignaban un tercer nombre, pues ya era un joven, y así sucesivamente.

Lo mismo sucedía con los nombramientos de los jefes kwakiutl, pues cada vez que ascendían de rango tenían que celebrar con un potlatch y cambiar de nombre, y una vez que alcanzaban la distinción más alta, se convertían en administradores y custodios de la comunidad. Ellos decidían a quién debían otorgar los derechos de caza y pesca y cómo debían distribuirse los bienes de la aldea. Las ceremonias de ascenso de rango permitían la distribución de la riqueza, pues las personas que se encontraban en el nivel más bajo podían adquirir muchas mercancías.

Sin embargo, en el siglo XIX el gobierno canadiense no lograba entender el motivo de estos festejos y prohibió el potlatch, pues pensaba que no servía para nada y que era un desperdicio inmenso de recursos. A pesar de la prohibición, los miembros y jefes de cada casa kwakiutl continuaron festejando sus grandes banquetes en secreto hasta finales del siglo XX.

Discurso de un jefe kwakiutl en respuesta a la ley canadiense que prohibía la celebración de los potlatch

"Danzaremos cuando nuestra ley nos ordene danzar y haremos fiestas cuando nuestros corazones así lo deseen. ¿Acaso le pedimos al hombre blanco que haga lo que hace un indio? Una ley estricta nos conmina a danzar y una ley estricta nos conmina a distribuir nuestros bienes entre nuestros amigos y vecinos. Es una buena ley.

Que el hombre blanco obedezca su ley; nosotros seguiremos la nuestra. Por eso, si han venido a prohibirnos danzar, mejor váyanse. De no ser así, sean bienvenidos."

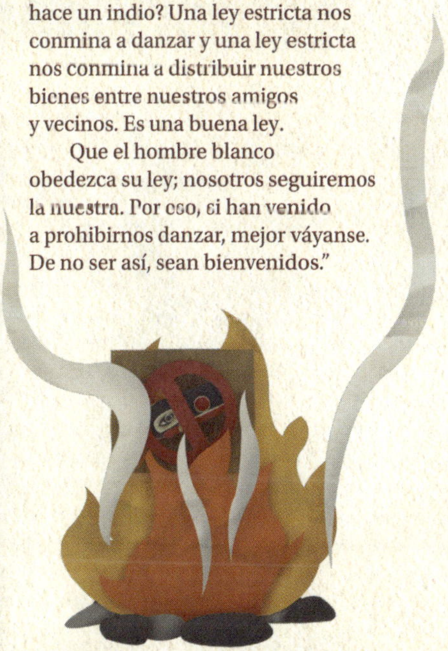

Los cazadores de ballenas

En la costa pacífica de Norteamérica, en la península de Olimpia y en la isla de Vancouver viven los nootka y los makah, vecinos de los kwakiutl. Estos pueblos fueron balleneros durante mucho tiempo.

Cazar ballenas era una actividad peligrosa porque los balleneros se podían perder en el mar o su canoa podía ser volcada por el gigantesco mamífero. Por eso, para estos pueblos cazar ballenas era una prueba de valentía y los grandes cazadores eran admirados por todos.

La época de caza de ballenas era durante la primavera, porque las ballenas migraban desde las playas de Baja California, en el actual México, donde habían pasado el invierno, hacia el mar de Bering, frente a Alaska, a pasar el verano.

Muchas veces los cazadores navegaban durante días enteros en el mar, antes de hallar una ballena. En cuanto el arponero descubría alguna no muy lejos, la señalaba a los demás y con gran esfuerzo todos remaban para alcanzarla. Siempre se aproximaban a la ballena por el costado izquierdo y trataban de hacer el menor ruido posible para que no se espantara.

Cuando las canoas lograban alcanzarla, el cazador ya dispuesto con su arpón y una lanza grande de madera con una punta de concha y de cuerno de alce, arrojaba sus instrumentos. Se acercaban con la canoa lo más posible, pues el arponero tenía que hundir con fuerza el arpón en el dorso de la ballena; en cuanto estaba en la posición adecuada, muy cerca de la aleta izquierda del animal, clavaba su arpón. Después de que se hería por primera vez a la ballena, las otras canoas se acercaban para atacarla también.

El cetáceo, al darse cuenta de que había sido herido, se sumergía para escapar de sus enemigos, sin embargo, los arpones estaban sujetos a cuerdas de raíces de cedro entrelazadas que tenían amarrados flotadores de piel de foca. A diferencia de los balleneros europeos que nunca sueltan a las ballenas que han arponeado, los arponeros de estos pueblos soltaban las cuerdas de sus arpones.

Sabían que era muy peligroso ser arrastrados por la ballena, que los podía llevar muy lejos o hundirlos junto con su canoa, por eso, quedaba libre pero no se podía sumergir mucho porque los flotadores se lo impedían.

Los cazadores perseguían a la ballena herida guiados por los mismos flotadores, que estaban pintados de color rojo y negro para poder distinguirse a la distancia. Entonces sólo tenían que esperar a que la ballena se agotara o se desangrara por las heridas.

Mientras remaban, los cazadores no dejaban de cantar canciones sagradas. Con ellas hacían que la ballena herida se dirigiera hacia la costa. Cuando la ballena había perdido mucha sangre, subía a la superficie para respirar. Entonces el bote principal se acercaba a ella y el arponero le clavaba una lanza cerca de la cola y le cortaba los tendones que la movían. Así impedía que la ballena volviera a sumergirse. Después de inmovilizarla, el principal arponero se acercaba a su cabeza y la mataba con una lanza de cuerno de alce.

Los cazadores debían evitar que la ballena muerta se hundiera. Para ello le ataban los flotadores alrededor de todo el cuerpo y amarraban su boca para que no se le llenara de agua. Entonces venía la tarea más pesada, arrastrar a la ballena muerta hasta la costa. Todos los botes ayudaban y los remeros tenían que hacer un inmenso esfuerzo para mover a un animal tan grande. Los hombres no eran los únicos que participaban en la caza de la ballena. Las mujeres los ayudaban desde la orilla, por medio de la magia. La esposa del arponero principal era muy importante para la caza, pues ella personificaba a la ballena que perseguía su marido; todo lo que ella hiciera, lo haría la ballena también.

Cuando la expedición partía, la esposa del arponero se quedaba acostada en su cama. Si hacía movimientos bruscos, la ballena se escaparía o, lo que es peor, voltearía alguna de las canoas. La mujer se cubría con una frazada nueva de corteza de cedro y no podía comer ni beber agua mientras los cazadores no regresaran. Así lograba que la ballena se cansara y sintiera sed.

Cuando los cazadores llegaban a la playa, la mujer se levantaba e iba a recibir a la ballena muerta. Primero le daba de beber agua dulce para consolarla por la gran sed que tenía al haber vivido muchos años en el mar. Después, bailaba y cantaba para recibirla en tierra firme.

Llegaba el momento de abrir y destazar a la ballena. La aldea completa se ocupaba de esta labor. Todas las partes del cuerpo se aprovechaban; la carne, la grasa, la piel, los nervios, los huesos. Cada pedazo se repartía entre los integrantes de la aldea. La parte más grande era para el arponero principal y a los otros cazadores se les repartía en proporción a su ayuda durante la cacería. Era tanta la carne que se obtenía, que los cazadores solían organizar un inmenso banquete al que invitaban a sus vecinos de otras aldeas. Entonces, aprovechaban que todos estaban reunidos para contar una y otra vez la gran hazaña.

La confederación de los hurones

Mucho tiempo antes de que las fronteras entre Estados Unidos y Canadá estuvieran bien demarcadas, varios grupos amerindios vivían de la agricultura, la caza y el comercio en una región conocida como los Grandes Lagos.

Los Grandes Lagos se encuentran localizados en la actual provincia canadiense de Ontario y colindan con ocho estados de Estados Unidos. Aunque los cinco lagos más importantes de esta región tienen cuencas totalmente separadas, forman un único cuerpo natural cuyas aguas se encuentran interconectadas por algunos ríos que desembocan en el océano Atlántico. Este sistema de agua dulce es el más grande de la tierra, pues representa 21% del volumen de agua dulce mundial y alberga alrededor de 35 mil islas.

La región de los Grandes Lagos no sólo incluye las cuencas de los lagos Superior, Michigan, Huron, Erie y Ontario, sino también la porción de tierra donde se filtran sus aguas y la diversidad de flora y fauna que vive en ella. Los pueblos amerindios radicados en las orillas y proximidades de los lagos habían aprendido a aprovechar muy bien los ciclos y cambios de la naturaleza a lo largo del año.

MUCHA NIEVE EN LA REGIÓN

La región alrededor de la ciudad de Búfalo, que se encuentra al este del lago Erie, en el estado de Nueva York, es la que tiene récords mundiales de acumulación de nieve, debido al efecto del lago.

De acuerdo con las estaciones, los lagos afectan el clima; en verano absorben el calor y enfrían el aire; en otoño el aire caliente acumulado se va dispersando y crea lo que se conoce como cinturones frutales, que son lugares aledaños perfectos para cultivar frutas; finalmente, en el invierno se produce un fenómeno atmosférico conocido como efecto del lago, que consiste en que, cuando una masa de aire gélido, que viene del Ártico, pasa por los grandes lagos de agua templada, las nubes se saturan y generan mayores lluvias que van acompañadas de truenos y relámpagos, y que derivan en grandes nevadas, las más abundantes de toda América del Norte.

La zona donde se localizaban casi todas las aldeas de los hurones era conocida con el nombre de Huronia. Los pueblos hurones eran famosos por su gran capacidad política, porque conformaron la primera liga o confederación de la que se tiene noticia en el este del territorio canadiense.

Esta primera liga estuvo integrada en un inicio por cuatro clanes o grandes grupos de parientes y, posteriormente, en el siglo XVII, por cinco. Estos grupos se identificaban como la “gente de los osos”, la “gente del venado”, la “gente de la roca”, “los que hacen cordones” y la “gente del pantano”. Su pertenencia a esta confederación no limitaba su libertad, pues cada clan o familia conservaba cierta independencia.

Para los clanes, la confederación resultaba sumamente ventajosa porque les permitía crear reglas convenientes y beneficiosas para todos, relacionadas con la caza y recolección, con la delimitación de sus fronteras, con tratados de paz, con privilegios y tradiciones, así como con la resolución pacífica de problemas de cualquier clase. Para lograr esto con éxito, los hurones formaron un consejo al que asistían delegados representantes de cada uno de los clanes.

Un Hurón habla con el hombre blanco

El siguiente relato describe la decepción de un jefe hurón en sus relaciones con el hombre blanco, quien después de establecerse en colonias y participar en el comercio de pieles, disputó sus territorios y los forzó a dejar sus tierras.

“No, ya bastante miserables son ustedes; no imagino cómo podrían ser peores. ¿A qué especie de criaturas pertenecen los europeos, qué clase de hombres son los europeos, que sólo hacen el bien por obligación, y no tienen otro motivo para evitar el mal que el miedo al castigo? ¿Quién les ha dado los países que ahora habitan? ¿Con qué derecho los poseen? Estas tierras han pertenecido desde siempre a los algonquinos. En serio, mi querido hermano, siento pena de ti desde el fondo de mi alma. Sigue mi consejo y hazte hurón. Veo claramente la diferencia que hay entre mi condición y la tuya. Yo soy mi amo, y el amo de mi condición. Yo soy el amo de mi propio cuerpo, dispongo de mí, hago lo que me place, soy el primero y el último de mi nación, no tengo miedo de nadie y sólo dependo del Gran Espíritu. En cambio, tu cuerpo y tu alma están condenados, dependen del gran capitán, el virrey dispone de ti, no tienes la libertad de hacer lo que se te ocurra; vives con miedo de los ladrones, de los falsos testigos, de los asesinos; y debes obediencia a una infinidad de personas que están encima de ti. ¿Es verdad o no es verdad?”

Los hurones asentados en las riberas del lago Ontario, al sureste de la bahía Georgian y al oeste del lago Simcoe, se llaman a sí mismos *wyandot* o *wendat*. Sin embargo, ante la dificultad de pronunciar o incluso de recordar estos nombres, los extranjeros utilizaban variantes o bien les llamaban comúnmente hurones, nombre que en el siglo XVI les asignaron los franceses después de establecer acuerdos de comercio con ellos en Quebec.

Las comunidades huronas comían todo tipo de plantas y animales de su entorno, y plantaban maíz, calabaza y frijol. Para lograrlo tenían una clara división de género, es decir, los deberes del hombre y la mujer eran distintos. Las actividades que requerían de mayor fuerza y que implicaban permanecer fuera de casa por largos periodos eran asignadas a los hombres; en cambio, las mujeres llevaban a cabo trabajos más rutinarios dentro de la casa y las aldeas. Como las tareas se realizaban en grupos, hombres y mujeres pasaban la mayor parte del tiempo con personas de su mismo sexo.

La agricultura, por ejemplo, formaba parte del trabajo de las mujeres, y consistía en plantar, cuidar y cosechar maíz, calabaza, frijol y girasoles. Esta labor era muy importante, pues las tres cuartas partes de los alimentos que consumían los hurones provenían de este trabajo. El principal cultivo era el maíz, que constituía la mayor parte de su dieta, por lo que la mujer debía asegurarse de cultivar la cantidad necesaria para alimentar a todos los miembros de la familia. Además, era fácil y seguro depender del maíz, pues se podía secar y almacenar para su consumo a lo largo del año.

Los hurones y algunos pueblos vecinos practicaban un sistema de agricultura conocido como *roza y quema*. Esta forma de sembrar permitía cosechar en abundancia, siempre y cuando se preparara adecuadamente el terreno. Primero, con un hacha de piedra se cortaban los árboles y se separaban las hierbas malas; después, se quemaba el suelo para destruir todos los residuos orgánicos de cultivos anteriores y fertilizar la tierra; finalmente se sembraba.

Este tipo de agricultura era trashumante, es decir, periodicamente las comunidades huronas se veían obligadas a emigrar a otro lugar y abrir nuevos campos de cultivo en otras partes del bosque, debido a que era imposible utilizar el mismo terreno por periodos muy prolongados. Por lo tanto, los pueblos hurones se mudaban de casa cada diez o quince años, una vez que los recursos de la zona se les habían agotado.

La fiesta de los muertos

Según las creencias de los pueblos hurones, cada cambio de localidad de la aldea iba acompañado por un tipo de celebración conocida como La fiesta de los muertos. Los miembros de la aldea tenían la obligación de cuidar a sus muertos, por lo que los cementerios formaban una parte importante de la vida comunitaria. Sin embargo, una vez que se agotaban los recursos necesarios para vivir en una zona del bosque y era necesario mudarse de localidad, quemaban a sus muertos en una fosa común después de una gran ceremonia. Se invitaba a todos los familiares, amigos y grupos aliados. Se creía que por medio de cantos y danzas se liberaba el alma de los muertos y así podían viajar a la tierra de los dioses fundadores.

Los varones de la comunidad se encargaban de construir la nueva aldea. Esta tarea resultaba difícil, pues para llevarla a cabo primero necesitaban localizar un terreno grande que mostrara protección natural, con vista panorámica; luego, el terreno debía encontrarse cerca de la orilla de los ríos, para facilitarles el transporte en canoa, aprovechar los recursos de los lagos y cultivar diferentes productos en las riberas. Una vez elegido el sitio adecuado, se construían las viviendas y los senderos que comunicaban a una aldea con otra.

Por lo general, las casas de las familias de los hurones hospedaban a varias familias y se construían en el verano. Se caracterizaban por ser muy largas y estrechas, en forma de rectángulos, y eran fabricadas con corteza de cedro que cortaban simulando pequeños ladrillos. Éstos se ataban a otros troncos de árboles jóvenes. Entre cada casa se dejaba una distancia considerable para prevenir que en caso de un incendio se expandiera el fuego.

En los pueblos hurones no había animales domesticados, excepto perros que se engordaban para comerlos posteriormente. La mayor parte de la proteína que se consumía provenía de la caza y de la pesca en los lagos.

Al finalizar el invierno, los hombres hurones se dedicaban a la caza del venado. Esta actividad se hacía necesariamente en grupo, porque se requería de gran destreza e inteligencia para guiar a una manada de estos animales a alguna trampa o desfiladero y, una vez acorralados ahí, darles muerte.

La temporada de caza duraba aproximadamente cinco semanas, lo que obligaba a los hombres de la aldea a permanecer lejos de sus casas todo este tiempo. La carne del venado era poca y se consumía casi toda al llegar a la aldea o en actos ceremoniales, sin embargo, las pieles y la grasa del animal era lo que más se aprovechaba, ya fuera para consumo personal o para el comercio.

La venta de pieles era fundamental en la sociedad hurona, aunque no era una actividad económica, sino una forma de extender relaciones sociales de amistad al interior y al exterior de la comunidad. Además de las pieles se comerciaba con otros bienes, principalmente de lujo, como el tabaco del sur, diferentes tipos de conchas, piedras semipreciosas, equipo para acampar en las temporadas de caza, ropa, pieles de diferentes tipos y redes para la pesca.

El comercio estaba regido por una serie de reglas. Las rutas entre los diferentes pueblos pertenecían a la familia de la persona que las hubiese descubierto y, por tanto, ninguna otra familia tenía derecho a explotarlas sin permiso de sus “dueños”.

Para la sociedad hurona que habitaba a las orillas del valle de San Lorenzo, del lago Ontario y de la bahía Georgian, la familia ocupaba un lugar central en su vida, y en especial la mujer. Por medio de ella se organizaba el clan, es decir, era a través del vínculo con la madre, la abuela y la bisabuela maternas que una persona podía pertenecer a una comunidad. La madre funcionaba como cabeza de familia y todas las mujeres descendientes eran mucho más celebradas que los hombres.

Las mujeres en edad reproductiva eran llamadas "madre" y todos los niños eran "hijos" de ellas. Los hombres, en cambio, dependían de las mujeres para pertenecer a un grupo; si eran solteros vivían en la casa de su madre, pero al momento de casarse tenían que mudarse a casa de la esposa.

La mujer y la concepción del mundo para los hurones

Dentro de la concepción del mundo que tenían los hurones, la mujer también ocupaba un papel central, pues era el ancestro principal de la creación.

Mientras la mujer caía, los patos volaron para detener su caída. Cayó en un inmenso cuerpo de agua, sin tierra a la vista.

Una tortuga emergió de las aguas y la dejó descansar sobre su caparazón. Mientras tanto buceó hasta el fondo del agua y sacó el lodo para crear la Tierra. Poco después, la mujer dio a luz dos gemelos, uno bueno y otro malo, que crearon las cosas que hay entre la Tierra y el Cielo.

Cronología

50 000 - 11000 a. C. Señales de que paleo-siberianos arriban al nuevo mundo desde Asia a través del estrecho de Bering y se dispersan por toda América.

1500 a. C. - 1000 d. C. Periodo llamado Formativo, caracterizado por vida aldeana, uso de la agricultura, cerámica, tejidos, talla de piedra, estructuras ceremoniales y comercio.

1534 - 1541 Jacques Cartier explora el sistema de ríos San Lorenzo en tres viajes, haciendo contacto con algonquinos e iroqueses en el norte.

En el segundo viaje encuentra los asentamientos hurones de Stadacona y Hochelaga (hoy Quebec y Montreal).

1560 - 1570 Se constituye la Liga de las Cinco Naciones, incluyendo a los mohawk, oneida, onondaga, cayuga y seneca. Formada por Deganawida, un profeta hurón-iroqués, y su discípulo mohawk Hiawatha.

1627 La Compañía de Nueva Francia envía franceses para la colonización de la Nueva Francia y para desarrollar el comercio de pieles con los indios.

1754 - 1763 Guerra francesa e india (la fase europea de la Guerra de los Siete Años). En 1763, con el tratado de París, Francia cedía Nueva Francia a Inglaterra.

1765 Comienza el sistema de reservas en Canadá con la provisión de una porción de tierra a la tribu malecite.

1794 El Tratado Jay canadiense garantiza a los indios mohawk el derecho de viajar sin restricciones entre Estados Unidos y Canadá.

1850 El primero de una serie de tratados entre el gobierno canadiense y tribus indias es promulgado, política que continuó hasta 1923.

1868 Con el establecimiento de la Confederación de Canadá en 1867, al año siguiente, en el Acta India se establece un nuevo mecanismo para los asuntos indios.

1876 Canadá elabora el Acta India Canadiense, la cual definía la política india y proporcionaba a los indios como individuos el derecho de reclamar la ciudadanía canadiense renunciando a sus derechos y privilegios como indios.

1884 El parlamento canadiense aprueba el Acta de Adelantos Indios, encaminando con ella a elecciones "democráticas" de los jefes indios.

1885 Segunda rebelión de Louis Riel con los métis del río Saskatchewan. Mientras los indios se rinden a las tropas canadienses, se completa la vía de tren transpacífico.

1951 El Acta India Canadiense garantiza a los indios el derecho de voto y hace de ellos, en general, sujetos con los mismos derechos que cualquier otro canadiense.

1968 Los mohawks de St. Regis, Ontario, en protesta, bloquean las obras del puente San Lorenzo, aludiendo al cumplimiento del tratado Jay de 1795 que garantizaba el libre tránsito de los mohawks entre Estados Unidos y Canadá. Este derecho se sigue respetando.

1974 Canadá establece la oficina de Reclamos Nativos para resolver cuestiones de tierras indias y tratados anteriores.

1982 En plebiscito territorial, en los territorios del noroeste de Canadá, se aprueba la idea de establecer un nuevo territorio, Nunavut, en el país esquimal canadiense, y se concreta en 1999.

Esquimales, kwakiutl
y hurones

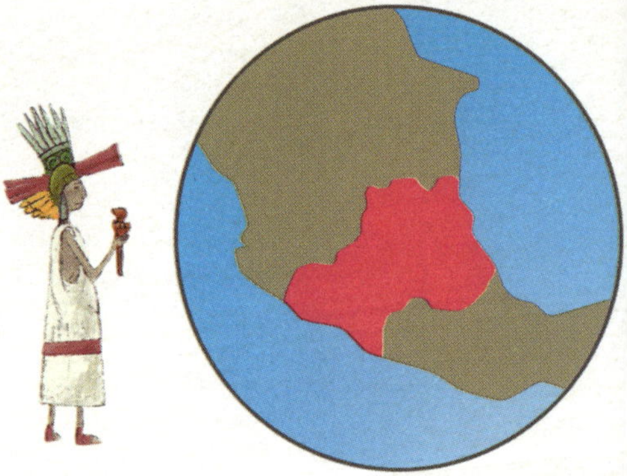

Teotihuacanos, toltecas
y tarascos

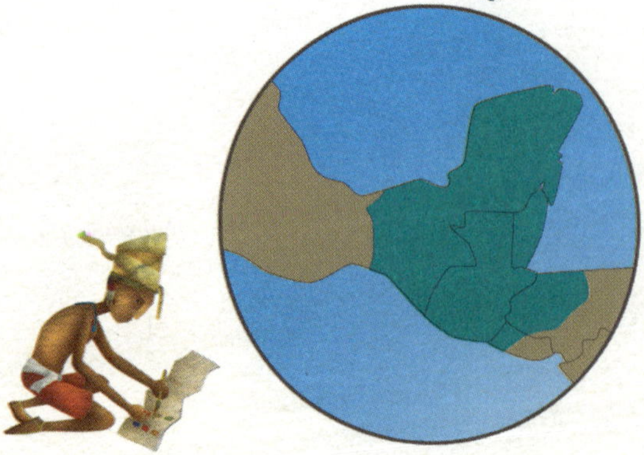

Mayas

Kayapó, jíbaros
y cashinahuas

Iroqueses, cheroquís
y sioux

Ópatas, tarahumaras,
yaquis y seris

Mexicas

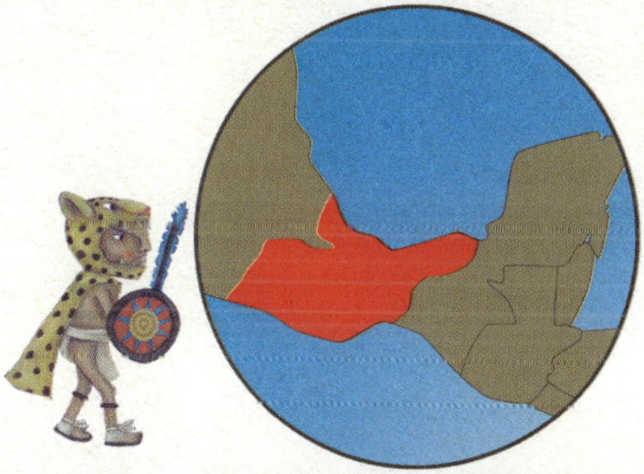

Olmecas, zapotecos
y mixtecos

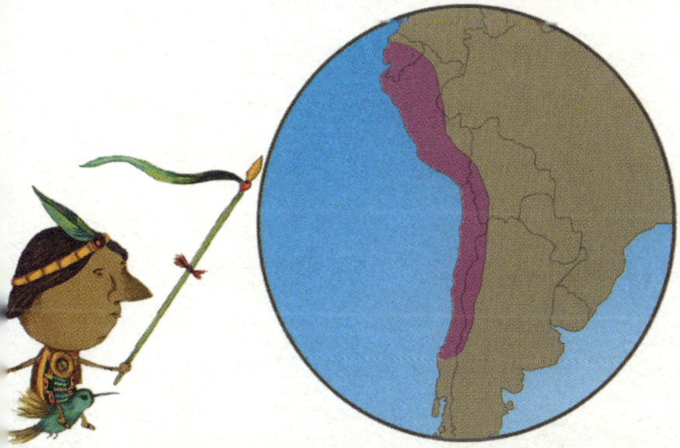

Incas

Mapuches

Bibliografía

Bierhorst, John, *In the trail of the wind, American Indian Poems and Ritual Orations*, Estados Unidos, Farrar, Straus and Giroux, Quill, 1971.

———, *The Sacred Path, Spells, Prayers and Power Songs of the American Indians*, Nueva York, 1984.

Krickeberg, Walter. *Etnología de América*, México, FCE, 1974.

Caso Barrera, Laura, *The Canadian Metis and the Mexican Mayas; A Cross Cultural Study of Native Land Struggles*, Master of Arts Department of Anthropology, The University of Calgary, Calgary, Alberta, mayo, 1992.

Dickason, Olive Patricia. *Canada's First Nations. A History of Founding Peoples from Earliest Times*. Canadá, Oxford University Press, 2002.

McFeat, Tom, *Indians of the North Pacific Coast*, Seattle y Londres, University of Washigton Press, 1989.

Norman, Howard, *Northern Tales, Stories from the Native Peoples of the Arctic and Subarctic Regions*, Nueva York y Toronto, Pantheon Fairy Tale and Folklore Library, 1990.

Rasmussen, Knud, *De la Groenlandia al Pacífico*, Barcelona, Iberia, 1930.

Trigger, Bruce, *The Children of Aataentsic. A history of the huron people to 1660*, Canadá, McGill Queen´s University Press, 1987.

Wolf, Eric R. *Figurar el poder. Ideologías de dominación y crisis*, México, CIESAS, 2001.

Esquimales, kwakiutl y hurones

Los indígenas de Canadá, Alaska y Groenlandia

terminó de imprimirse en 2015
en los talleres de Editorial Impresora Apolo, S. A. de C. V.,
Centeno 150-6, colonia Granjas Esmeralda,
09810, México, D. F.
Para su formación se utilizó la familia Utopia
diseñada por Robert Slimbach en 1989.